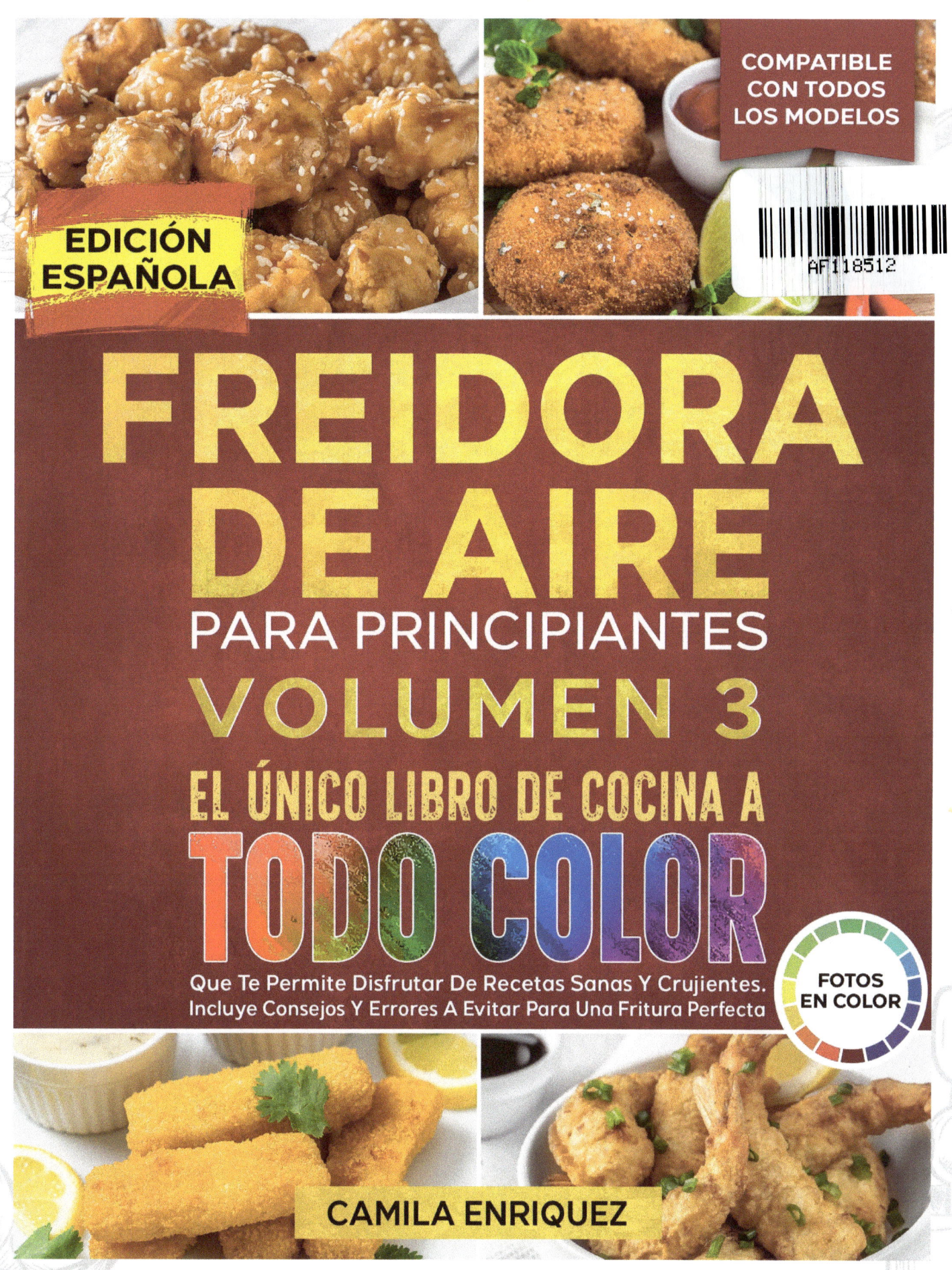

© Copyright 2023 - Camila Enriquez - Todos los derechos reservados.

Este libro está orientado a proporcionar información exacta y confiable sobre el tema. La publicación se vende con la idea de que el editor no está obligado a prestar servicios contables, permitidos oficialmente o de otra manera por servicios calificados. Si se necesita asesoramiento legal o profesional, se debe solicitar un profesional.

- De una Declaración de Principios que fue aceptada y aprobada igualmente por un Comité de la American Bar Association (Asociación Americana de Abogados) y del Committee of Publishers and Associations (Comité de Editores y Asociaciones). De ninguna manera es legal reproducir, duplicar o transmitir cualquier parte de este documento en forma electrónica o impresa. La grabación de esta publicación está estrictamente prohibida y no se permite el almacenamiento de este documento, a menos que tenga un permiso por escrito del editor. Todos los derechos reservados.

La información proporcionada en este documento se declara veraz y coherente, ya que cualquier responsabilidad, en términos de falta de atención o de otro tipo, por el uso o abuso de cualquier política, proceso o dirección contenida en este documento es responsabilidad solitaria y absoluta del lector receptor. Bajo ninguna circunstancia se tendrá responsabilidad legal o culpa alguna contra el editor por cualquier reparación, daño o pérdida monetaria debido a la información aquí contenida, ya sea directa o indirectamente.

Las marcas comerciales que se utilizan aquí no tienen ningún consentimiento y no tienen permiso ni respaldo del propietario de la misma. Todas las marcas comerciales y marcas en general de este libro son sólo para fines de aclaración y son propiedad de los propios dueños no afiliados a este documento.

ÍNDICE DE CONTENIDOS

CÓMO FUNCIONA LA FREIDORA DE AIRE 5

CONSEJOS DE UTILIZACIÓN 7

8 ERRORES QUE NO SE DEBEN COMETER 9

RECETAS DE COLORES PARA LA FREIDORA DE AIRE 11

    Escalopines de berenjena 12
    Bolitas de queso ricotta fritas 13
    Albóndigas de ricotta y brécol 14
    Rollitos de bacon y queso en pasta filo 15
    Magdalenas saladas con tomates cherry y calabacines 16
    Chips de col rizada 17
    Huevos gratinados con parmesano 18
    Tortilla de patatas 19
    Palitos de polenta fritos 20
    Pizza de patata 21
    Mezcla para pizzetas en freidora de aire 22
    Panzerotto de queso 23
    Croquetas de minestrone 24
    Panettone salado sin levadura 25
    Croissants salados con calabacines jamón cocido y queso 26
    Triángulos de pasta filo rellenos de verduras 27
    Crostini con salchicha y queso provolone 28
    Tarta salada de queso 29
    Bolas de arroz con jamón y queso mozzarella 30
    Chuleta de pollo asada 31
    Capocollo marinado 32
    Tortilla con flores de calabacín 33
    Brochetas de carne con verduras 34
    Rollitos de pollo con bacon enrollado 35
    Chuletas de ternera al romero 36
    Chuletas de cordero en freidora de aire 37
    Muslitos de pollo al limón 38
    Alitas de pollo fritas 39
    Trozos de salchicha con patatas y calabacines 40

Cordon bleu de berenjena	41
Codillo de cerdo con cebolla	42
Pastel de carne relleno en freidora de aire	43
Magret de pato a la naranja	44
Gambas fritas con sal y pimienta	45
Sepia rellena	46
Gambas en freidora	47
Brochetas de gambas y calabacín	48
Mejillones gratinados	49
Milhojas de patata con queso parmesano y bacon	50
Espárragos gratinados	51
Hinojo gratinado con parmesano	52
Chips de zanahoria	53
Tomates cherry confitados	54
Coliflores en freidora de aire	55
Alcachofas asadas	56
Coliflor y bechamel	57
Friggitelli en freidora de aire	58
Chips de remolacha	59
Chips de brécol	60
Mazorca de maíz asada	61
Patatas fritas con queso	62
Magdalenas de cítricos	63
Pastel de trigo sarraceno con bayas	64
Puffs de mermelada	65
Tarta de mermelada	66
Galletas integrales	67
Galletas de agua integrales	68
Tortitas con pasas sultanas	69
Galletas con pepitas de chocolate	70

CONCLUSIÓN 71

RECETAS POR ORDEN ALFABÉTICO 73

CÓMO FUNCIONA LA FREIDORA DE AIRE

La freidora de aire funciona como un mini-horno ventilado, con la ventaja de que puedes colocarla en cualquier rincón de la cocina, ya que sus dimensiones son muy compactas. Es capaz de cocinar los alimentos haciendo circular aire caliente por el interior de su recipiente, garantizando una cocción uniforme en poco tiempo.

A diferencia de la fritura tradicional, permite preparar platos con poco o nada de aceite, manteniendo la textura crujiente y el sabor auténtico de la fritura. Se calcula que, por término medio, las freidoras de aire reducen el contenido graso de las comidas en un 90%, lo que resulta ideal para quienes desean conservar el placer de la comida frita sin tener que renunciar a freír.

Una de sus principales ventajas es la reducción de calorías en las comidas en comparación con las técnicas tradicionales de fritura. Es un aparato perfecto para quienes buscan moderar el consumo de grasas manteniendo el sabor.

Además, evita los olores fuertes y elimina la necesidad de utilizar grandes cantidades de aceite. La limpieza es rápida y sencilla, ya que la mayoría de sus piezas son aptas para el lavavajillas, lo que facilita la tarea.

Otra ventaja destacable es la rapidez de cocción. Con la freidora de aire, el tiempo se reduce a la mitad en comparación con los hornos convencionales. Esto se debe a que, al ser mucho más pequeña, alcanza rápidamente la temperatura deseada y mantiene el aire caliente circulando constantemente.

También es más eficiente energéticamente que un horno, ya que requiere menos energía y tiempo para calentar y cocinar los alimentos. Si quiere ahorrar dinero en la factura de la luz, elegir una freidora de aire es una elección acertada y casi obligatoria.

Además, al no necesitar grandes cantidades de aceite para cocinar, puede reducir en gran medida las calorías procedentes del exceso de aceite. Basta con rociar un poco de aceite de oliva virgen extra para que los alimentos queden crujientes y dorados.
Con este método de cocción, sus platos serán más ligeros y saludables para usted y los suyos.

Este aparato puede convertirse en su principal herramienta de cocina, gracias a su versatilidad: fríe, recalienta, descongela, hornea, asa y cocina al vapor. Puede preparar una amplia gama de alimentos, desde patatas hasta carne, pescado y verduras. Básicamente, con un poco de práctica, se puede hacer cualquier receta con ella.

La mayoría de los modelos son de uso intuitivo; basta con seleccionar la temperatura y el tiempo, ¡y listo! Lo único que te queda por hacer es girar la comida y retirarla una vez esté lista. Es tan sencilla que incluso podría enseñar a sus hijos a utilizarla para preparar rápidamente la merienda después del colegio.

CONSEJOS DE UTILIZACIÓN

Cada modelo de freidora de aire tiene su propio método de cocción, por lo que es importante prestar atención y comprobar la cocción, especialmente al principio.

Los tiempos pueden variar en función del diseño, la capacidad del recipiente y otros aspectos. Es aconsejable echar un vistazo a los alimentos en la cesta de vez en cuando para asegurarse de que todo se está cocinando como debería.

Un consejo muy útil que te puedo dar es que utilices alfombrillas antiadherentes: existen muchas alfombrillas de silicona antiadherentes que se pueden colocar en la base de la cesta.

Estos tapetes, que están perforados, garantizan una cocción uniforme, son reutilizables y reducen la necesidad de utilizar papel de horno. Además, facilitan la limpieza: basta con retirarlas, lavarlas y volver a colocarlas.

Una técnica poco conocida que optimiza el espacio y el tiempo es la técnica del "pincho". Permite cocinar alimentos más voluminosos, como berenjenas y patatas, de forma eficiente.

Basta con cortar el alimento en rodajas y ensartarlas con un palillo, separándolas ligeramente. Esta técnica se menciona a menudo en ciertos libros de cocina y es un recurso útil a tener en cuenta.

La mayoría de las recetas de ciertos libros de cocina pueden adaptarse según sus preferencias. Si quieres cambiar ingredientes o ajustar proporciones, ¡adelante! La belleza de la cocina reside en la personalización.

Aquí tienes algunos consejos para mantener tu freidora de aire en perfectas condiciones:

Olores desagradables: el limón es excelente para eliminar los olores fuertes y persistentes. Basta con frotar medio limón en la cesta y dejarlo actuar unos minutos, después aclarar y eliminar cualquier olor.

Secado: Asegúrese de secar bien la freidora antes de utilizarla. Utilizarla con sus componentes aún húmedos podría estropearla a la larga.

Lavavajillas: Muchos modelos permiten lavar sus componentes en el lavavajillas. Sin embargo, consulte el manual antes de hacerlo para asegurarse de que puede lavarla en el lavavajillas y evitar estropearla.

Limpieza constante: Es fundamental limpiarla después de cada uso. No dejes que se acumulen residuos, ya que esto dificultará la limpieza en el futuro.

Productos de limpieza: Evite utilizar productos demasiado agresivos. Una mezcla de agua tibia y jabón es suficiente.

Evite limpiar en caliente: Espere a que la freidora se enfríe antes de limpiarla para evitar dañarla.

Manchas de cal: Puedes utilizar una solución de ácido cítrico para eliminarlas. Basta con pulverizar la solución, esperar unos instantes y limpiar con un paño.

8 ERRORES QUE NO SE DEBEN COMETER

Uso incorrecto de rebozados: la freidora de aire no es como una freidora convencional. Las preparaciones que implican el uso de rebozados, especialmente si son excesivamente líquidos, no son adecuadas para este tipo de freidora. El rebozado puede resbalar fácilmente de los alimentos si es demasiado líquido.

Descuidar el precalentamiento: al igual que las freidoras convencionales y los hornos, la freidora de aire también necesita un tiempo de precalentamiento. Este paso es crucial para garantizar una cocción ideal: un exterior crujiente y un interior suave y suculento.

Limpieza negligente: es fundamental cuidar la freidora de aire manteniéndola limpia. Si no se limpia correctamente después de su uso, podría comprometer el resultado final de sus platos. Las migas que quedan en la cesta pueden quemarse y producir olores desagradables. Por lo tanto, es esencial limpiarla después de cada uso.

Omitir la rotación de los alimentos: para conseguir una cocción uniforme, crujiente y bien dorada, es esencial girar los alimentos durante la cocción. Esto garantiza una distribución uniforme del calor. Es aconsejable hacerlo al menos una vez a mitad de cocción.

Llenar demasiado la cesta: un error común es llenar demasiado la cesta de la freidora. Esto puede hacer que los alimentos se cocinen al vapor o de forma desigual. Es preferible cocinar por tandas en lugar de meter todo en la misma cesta.

Alimentos húmedos: colocar alimentos húmedos en la freidora afecta a la circulación del aire caliente, lo que hace que los alimentos no queden crujientes ni sabrosos. Siempre es bueno secar los alimentos con papel de cocina antes de cocinarlos.

Uso excesivo de aceite: añadir aceite innecesariamente puede aumentar el aporte calórico de los alimentos. Muchos productos congelados ya contienen aceite, por lo que no es necesario añadir más. Se recomienda añadir aceite sólo cuando se preparen alimentos frescos.

Colocación inadecuada de la freidora: como cualquier electrodoméstico, necesita espacio a su alrededor para una correcta circulación del aire y ventilación. Asegúrate de colocarla en un lugar estable, lejos de fuentes de calor y con espacio a su alrededor.

Esperamos haber aclarado tus dudas sobre la freidora de aire y su correcto uso. A continuación, le presentamos una amplia gama de recetas para sacar el máximo partido a su freidora de aire. En esta guía encontrará desde aperitivos hasta platos principales y postres, que le permitirán disfrutar al máximo de su nuevo electrodoméstico.

RECETAS DE COLORES PARA LA FREIDORA DE AIRE

Entrantes y Aperitivos

ESCALOPINES DE BERENJENA

TIEMPO DE PREPARACIÓN
10 Minutos

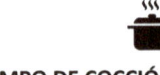
TIEMPO DE COCCIÓN
8 Minutos

PORCIONES
3 Personas

VALORES NUTRICIONALES POR RACIÓN
107 kcal
13 g carbohidratos
5 g proteínas
3 g grasa

Ingredientes

1 berenjena
1 huevo
al gusto Harina
al gusto Pan rallado
al gusto Aceite de oliva virgen extra
al gusto sal fina

Procedimiento

Lavar la berenjena y quitarle los extremos, cortarla longitudinalmente en rodajas de 1 cm de grosor aproximadamente.

Pasarlas por harina, luego por huevo batido, ligeramente salpimentado.

A continuación, rebozarlas en pan rallado. Para obtener un pan rallado más crujiente, puede repetir este paso.

Unte las berenjenas con aceite de oliva utilizando un pincel de cocina o aceite en spray.

Colóquelas en la freidora precalentada a 200° C y cocínelas durante 8 minutos, dándoles la vuelta a la mitad.

¡Que aproveche!

Entrantes y Aperitivos

BOLITAS DE QUESO RICOTTA FRITAS

TIEMPO DE PREPARACIÓN
5 Minutos

TIEMPO DE COCCIÓN
10 Minutos

PORCIONES
3 Personas

VALORES NUTRICIONALES POR RACIÓN
170 kcal
3 g carbohidratos
9 g proteínas
14 g grasa

Ingredientes

200 g de ricotta de vaca
2 huevos
al gusto Harina de maíz
al gusto Aceite de oliva virgen extra
al gusto Sal fina

Procedimiento

Escurrir el queso ricotta y cortarlo en dados no muy grandes del mismo tamaño.

A continuación, pasar los dados de ricotta por los huevos batidos y salados, y después por la harina de maíz.

Una vez rebozados en harina de maíz, colóquelos en la freidora de aire y rocíelos con aceite evo.

Cocínelos durante 10 minutos a 200°, dándoles la vuelta a mitad de cocción.

Para que se doren mejor puedes pincelar los bocaditos con aceite evo antes de cocinarlos.

¡Que aproveche!

Entrantes y Aperitivos

ALBÓNDIGAS DE RICOTTA Y BRÉCOL

TIEMPO DE PREPARACIÓN
12 Minutos

TIEMPO DE COCCIÓN
10 Minutos

PORCIONES
Unas 20 albóndigas

VALORES NUTRICIONALES POR ALBÓNDIGAS
37 kcal
1 g carbohidratos
2 g proteínas
2 g grasa

Ingredientes

1 brócoli
25 g de queso parmesano rallado
220 g de queso ricotta de vaca
1 huevo
al gusto Sal fina
al gusto Pimienta negra
al gusto Pan rallado

Nota:
Necesitarás una batidora de cocina, o puedes picar los ingredientes con un cuchillo.

Procedimiento

Lava el brócoli y quítale los tallos (no los tires, puedes usarlos para los chips de brócoli que aparecen en este libro de cocina).

Separar los ramilletes y picarlos finamente en un robot de cocina, después añadir todos los demás ingredientes excepto el pan rallado.

Debe obtener una mezcla no demasiado blanda, si es necesario añada más parmesano o pan rallado.

A continuación, haga albóndigas con las manos y rebócelas en pan rallado.

Rociar con unas gotas de aceite evo y hornear durante 10 minutos a 200° hasta que estén doradas.

¡Que aproveche!

Entrantes y Aperitivos

ROLLITOS DE BACON Y QUESO EN PASTA FILO

TIEMPO DE PREPARACIÓN
5 Minutos

TIEMPO DE COCCIÓN
10 Minutos

PORCIONES
6 Rollitos

VALORES NUTRICIONALES POR RACIÓN
80 kcal
1 g carbohidratos
5 g proteínas
7 g grasa

Ingredientes

4 hojas de pasta filo
6 lonchas de bacon
60 g de queso (provolone, scamorza, etc.)
1 huevo
al gusto Aceite de oliva virgen extra
al gusto Sal fina
al gusto Pimienta negra

Procedimiento

En primer lugar, colocar dos hojas de pasta filo una encima de la otra y, con ayuda de un pincel de cocina, pincelarlas con un poco de agua.

A continuación, córtalas en 3 partes iguales por el lado más grande.

Rellénelas empezando por la base y coloque 1 loncha de bacon y un trozo de queso de unos 5 cm.

A continuación, dobla las solapas laterales y enrolla la masa hasta el final. Deberás sellarlo con la ayuda del huevo.

Continúa de esta manera hasta que todos los rollos estén listos. Pincélalos con aceite de oliva o utiliza aceite en spray y hornéalos durante 10 minutos a 180º.

¡Que aproveche!

Entrantes y Aperitivos

MAGDALENAS SALADAS CON TOMATES CHERRY Y CALABACINES

TIEMPO DE PREPARACIÓN
10 Minutos

TIEMPO DE COCCIÓN
15 Minutos

PORCIONES
3 Personas

VALORES NUTRICIONALES POR RACIÓN
257 kcal
16 g carbohidratos
13 g proteínas
12 g grasa

Ingredientes

65 g de harina 0
15 g de queso parmesano rallado
1 huevo (pequeño)
1 calabacín (pequeño)
80 g de queso Scamorza ahumado
3 Tomates pequeños
15 ml Aceite de semillas
25 ml Leche
1/4 sobre de levadura en polvo salada
al gusto Sal fina
al gusto Semillas de amapola

Procedimiento

Lavar el calabacín, quitarle los extremos y rallarlo con un rallador de agujeros grandes. Aplástelo con las manos.
En un bol grande, mezclar los ingredientes secos: queso parmesano, harina, levadura en polvo y sal fina. Mezclar bien todos los ingredientes. En otro bol, combinar los ingredientes húmedos: aceite de semillas, huevo y leche. Mézclelos con un batidor o un tenedor. Ahora combine los ingredientes secos y húmedos, mezclando bien todos los ingredientes hasta que la mezcla sea homogénea y esté bien mezclada.

Cortar el queso scamorza en dados y añadirlo junto con los calabacines a la mezcla. Colocar la mezcla en los ramequines, sin llegar al borde. Colocar encima las rodajas de tomate para que se hundan y espolvorear con las semillas de amapola.
Colocar los moldes directamente en el cestillo y hornear unos 12 minutos a 160°, después subir a 180° y hornear otros 3 minutos.
Compruebe la cocción introduciendo un palillo de madera en el interior, cuando al sacar el palillo éste permanezca seco, las magdalenas estarán listas.
¡Que aproveche!

Entrantes y Aperitivos

CHIPS DE COL RIZADA

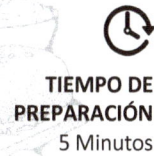
TIEMPO DE PREPARACIÓN
5 Minutos

TIEMPO DE COCCIÓN
4 Minutos

PORCIONES
1 manojo de col

VALORES NUTRICIONALES POR RACIÓN
290 kcal
35 g carbohidratos
18 g proteínas
14 g grasa

Ingredientes

1 manojo de col rizada (500 g)
al gusto Aceite de oliva virgen extra
al gusto Sal fina

Procedimiento

Separar y lavar las hojas de la col rizada, retirar el tallo central y secarlas con papel absorbente o un paño limpio.

Córtelas a una longitud de unos 5 cm, sazónelas pincelándolas con aceite de oliva y una pizca de sal.

Coloque una primera capa de hojas en la cesta y hornee durante 4 minutos a 180°.

Continúe hasta que todas las hojas de col rizada estén cocidas.

Dejarlas enfriar en plano y bien abiertas para que no se humedezcan.

Para evitar que las hojas salgan volando durante la cocción, puedes utilizar una mini rejilla para bloquearlas.

¡Que aproveche!

Entrantes y Aperitivos

HUEVOS GRATINADOS CON PARMESANO

TIEMPO DE PREPARACIÓN
5 Minutos

TIEMPO DE COCCIÓN
10 Minutos

Credit foto: "Mexican Baked Eggs" by Kitchen Life of a Navy Wife

PORCIONES
6 Personas

VALORES NUTRICIONALES POR RACIÓN
105 kcal
0 g carbohidratos
9 g proteínas
7 g grasa

Ingredientes

6 huevos
6 cucharadas de queso parmesano
al gusto sal fina
al gusto Pimienta negra
al gusto Aceite de oliva virgen extra

Nota:
Necesitarás ramequines de aluminio o silicona

Procedimiento

Engrase bien los ramekines con aceite evo antes de proceder con la receta.

A continuación, abra cada huevo en los moldes y sazónelos con sal, pimienta y copos de queso parmesano o, si lo prefiere, queso parmesano rallado.

Coloque con cuidado los moldes en la cesta de la freidora de aire.

Cueza los huevos durante unos 10 minutos a 170°.
Si prefiere la yema blanda, cuézalos unos minutos menos.

¡Que aproveche!

Entrantes y Aperitivos

TORTILLA DE PATATAS

TIEMPO DE PREPARACIÓN
10 Minutos

TIEMPO DE COCCIÓN
30 Minutos

Credit foto: "Tortilla de patatas" by FabianPerezRego

PORCIONES
4 Personas

VALORES NUTRICIONALES POR RACIÓN
190 kcal
18 g carbohidratos
10 g proteínas
9 g grasa

Ingredientes

400 g de patatas
5 huevos
1 cucharada de aceite de oliva virgen extra
1 cebolla
al gusto Sal fina

Procedimiento

Pelar y cortar las patatas en rodajas muy finas, de unos 5 mm de grosor, mientras tanto precalentar la freidora a 180°.

Colocarlas en un molde y sazonarlas con sal y aceite de oliva. Cocerlas a 180° durante unos 25-30 minutos.

A mitad de la cocción, añadir las cebollas cortadas en rodajas finas y continuar la cocción hasta que tanto las cebollas como las patatas estén completamente cocidas.

Añadir ahora los huevos batidos al molde y remover hasta que los ingredientes estén bien mezclados. Hornear otros 8 minutos a 150° hasta que el huevo esté totalmente cocido.

Dejar enfriar unos minutos para que se pueda cortar fácilmente.

¡Que aproveche!

Entrantes y Aperitivos

Palitos de polenta fritos

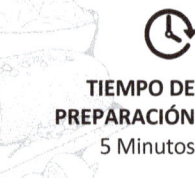
TIEMPO DE PREPARACIÓN
5 Minutos

TIEMPO DE COCCIÓN
8 Minutos

Credit foto: "Polenta Chips" by jamieanne

PORCIONES
2 Personas

VALORES NUTRICIONALES POR RACIÓN
190 kcal
42 g carbohidratos
5 g proteínas
2 g grasa

Ingredientes

200 g de polenta fría
al gusto Harina de maíz
al gusto Sal fina
al gusto Aceite de oliva virgen extra

Procedimiento

Si ya tiene polenta fría, sáltese este paso.

Prepare la polenta según la receta del paquete, extiéndala con un rodillo y déjala enfriar hasta que esté firme y compacta.

Cortar la polenta en bastones de aproximadamente 1 cm de grosor y pasarlos por harina de maíz.

Engrase ligeramente la superficie con aceite en spray o con un pulverizador y hornee los palitos unos 8-10 minutos a 200°, dándoles la vuelta a mitad de cocción.

Sazónalos con una pizca de sal antes de servir.

¡Que aproveche!

Entrantes y Aperitivos

PIZZA DE PATATA

TIEMPO DE PREPARACIÓN
15 Minutos

TIEMPO DE COCCIÓN
25 Minutos

PORCIONES
4 Personas

VALORES NUTRICIONALES POR RACIÓN
115 kcal
22 g carbohidratos
3 g proteínas
2 g grasa

Ingredientes

100 g de harina
175 ml de agua
1 patata
1 ramita de romero
1 cucharadita de sal fina
1 cucharadita de aceite de oliva virgen extra

Procedimiento

Mezclar el agua y el aceite en un bol, añadir la harina tamizada poco a poco, sin dejar de mezclar hasta que la mezcla sea homogénea.

A continuación, añadir la sal y remover. Tapar el bol y dejar reposar durante 10 minutos. Mientras tanto, pelar la patata, cortarla en rodajas finas con una mandolina y remojarla en agua.

Una vez transcurrido el tiempo necesario, engrase una bandeja de horno y vierta la mezcla. Seque las patatas y colóquelas en ella junto con el romero y una pizca de sal. Hornear la masa durante unos 25 minutos a 190°.

Los últimos minutos, asegurándose de que esté totalmente cocida y firme, retírela de la bandeja de horno y colóquela directamente en la cesta.

¡Que aproveche!

Entrantes y Aperitivos

MEZCLA PARA PIZZETAS EN FREIDORA DE AIRE

TIEMPO DE PREPARACIÓN
5 Minutos

TIEMPO DE COCCIÓN
10 Minutos

PORCIONES
3 Personas

VALORES NUTRICIONALES POR RACIÓN
217 kcal
33 g carbohidratos
14 g proteínas
5 g grasa

Ingredientes

1 panecillo base de pizza
al gusto Puré de tomate
al gusto Mozzarella para pizza
al gusto Jamón cocido
al gusto Albahaca fresca
al gusto Frankfurter

Procedimiento

En esta receta haremos 3 versiones de pizzettas, pero puedes utilizar los ingredientes que prefieras.

Desenrolle la base de pizza ya preparada y empiece a cortar pizzetas con la ayuda de un cortapastas de unos 6 cm.

Cuando hayas recortado todas las pizzettas, aderézalas todas con una base de tomate y mozzarella, luego cada una la harás con salchichas picadas, otra con jamón cocido en lonchas y la última versión la harás margarita con albahaca fresca.

Colócalas en la cesta precalentada y hornéalas durante unos 10-12 minutos a 180°.

Vigila el tiempo de cocción para evitar que se quemen.

¡Que aproveche!

Entrantes y Aperitivos

Panzerotto de queso

TIEMPO DE PREPARACIÓN
5 Minutos

TIEMPO DE COCCIÓN
12 Minutos

PORCIONES
4 Personas

VALORES NUTRICIONALES POR RACIÓN
151 kcal
26 g carbohidratos
6 g proteínas
5 g grasa

Ingredientes

1 rollo de masa de pizza
1 huevo
al gusto Lonchas de queso (provola, scamorza, etc.)
al gusto Pan rallado
al gusto Aceite de oliva virgen extra

Procedimiento

Extiende la masa de pizza sobre una superficie de trabajo y empieza a cortar la masa.
Hay que hacer círculos de unos 5 cm de diámetro.

Colocar el queso en lonchas en el interior y cerrarlos, untando un poco de aceite de oliva en los bordes para ayudar a cerrarlos.

Pásalos por huevo y luego por pan rallado.

Colóquelos en la cesta de la freidora de aire y rocíe unas gotas de aceite con un pulverizador o aceite en spray.

Cocerlas durante unos 12 minutos a 180°, dándoles la vuelta a mitad de la cocción y rociándolas con más aceite. Si es necesario, prolongar la cocción hasta que se doren.

Sírvelas calientes para que el queso del interior quede súper fibroso.
¡Que aproveche!

Entrantes y Aperitivos

CROQUETAS DE MINESTRONE

TIEMPO DE PREPARACIÓN
10 Minutos

TIEMPO DE COCCIÓN
8 Minutos

PORCIONES
3 Personas

VALORES NUTRICIONALES POR RACIÓN
106 kcal
14 g carbohidratos
5 g proteínas
5 g grasa

Ingredientes

300 g de Minestrone
20-30 g de pan rallado
20 g de queso parmesano rallado
al gusto Sal fina
al gusto Pimienta negra
al gusto Aceite de oliva virgen extra

Procedimiento

Una vez preparada la minestrone en el fuego, tritúrala con una batidora de inmersión hasta que quede lisa y suave.

Añadir una pizca de sal, el pan rallado y el queso parmesano hasta que espese lo justo.

Remover para mezclar bien los ingredientes y, a continuación, crear croquetas con las manos apretándolas ligeramente.

Pásalas por pan rallado y colóquelas en la cesta.

Rocíalas con unas gotas de aceite de oliva y hornéalas durante unos 8 minutos a 200°, dándoles la vuelta a la mitad, hasta que se doren.

¡Que aproveche!

Entrantes y Aperitivos

PANETTONE SALADO SIN LEVADURA

Credit foto: "Homemade Panettone IMG_2509" by Nicola since 1972

TIEMPO DE PREPARACIÓN
15 Minutos

TIEMPO DE COCCIÓN
30 Minutos

PORCIONES
3 Personas

VALORES NUTRICIONALES POR RACIÓN
151 kcal
26 g carbohidratos
6 g proteínas
5 g grasa

Ingredientes

125 g Harina 0
70 ml Leche
25 ml de aceite de semillas
1 huevo
75 g de queso emmental
100 g Mezcla de embutidos de su elección
10 g de queso pecorino rallado
1/2 sobre de levadura en polvo para productos salados
5-10 Almendras
al gusto Sal fina

Procedimiento

Separar los ingredientes secos de los húmedos, en un bol mezclar la harina, la sal, la pimienta, el queso parmesano, el queso pecorino y la levadura en polvo tamizada.

En otro bol mezclar la leche, el aceite de semillas y los huevos. Mezcle ahora los ingredientes de los dos cuencos y forme una masa homogénea.

Corte los embutidos y los quesos en dados pequeños y añádalos a la masa.

Verter la mezcla en el molde, utilizando papel de horno si es necesario. Añadir almendras, un puñado de queso parmesano y unas agujas de romero en la superficie.

Hornear durante 25 minutos a 160°, después subir la temperatura a 180° y hornear otros 5 minutos, comprobando la cocción con un palillo de madera.

¡Que aproveche!

Entrantes y Aperitivos

Croissants salados con calabacines jamón cocido y queso

TIEMPO DE PREPARACIÓN
10 Minutos

TIEMPO DE COCCIÓN
10 Minutos

PORCIONES
4 Personas

VALORES NUTRICIONALES POR RACIÓN
166 kcal
11 g carbohidratos
5 g proteínas
11 g grasa

Credit foto: "Croissant with Seeds" by baechlerpics

Ingredientes

1/2 rollo redondo de hojaldre
2 lonchas de jamón cocido
2 lonchas de queso
1 calabacín
al gusto Leche
al gusto Semillas de amapola
(o de sésamo si lo prefiere)

Procedimiento

Lava los calabacines, quítales los extremos y haz rodajas largas y finas con una mandolina o cortafiambres. Si no dispone de ellas, puede utilizar un cuchillo y hacer las rodajas lo más finas posible.

Desenrolle la masa sobre una superficie de trabajo con un cuchillo o un cortapastas y corte 4 triángulos del mismo tamaño.

En los bordes de cada triángulo, coloque 2 rodajas de calabacín. En el centro, añada un poco de jamón y queso.

Enrollar el croissant empezando por el lado grande (una vez enrollado, la punta debe quedar por debajo), pincelar con un poco de leche y espolvorear con semillas de amapola.

Hornear unos 8 minutos a 200° hasta que se dore.

¡Que aproveche!

Entrantes y Aperitivos

TRIÁNGULOS DE PASTA FILO RELLENOS DE VERDURAS

TIEMPO DE PREPARACIÓN
15 Minutos

TIEMPO DE COCCIÓN
8 Minutos

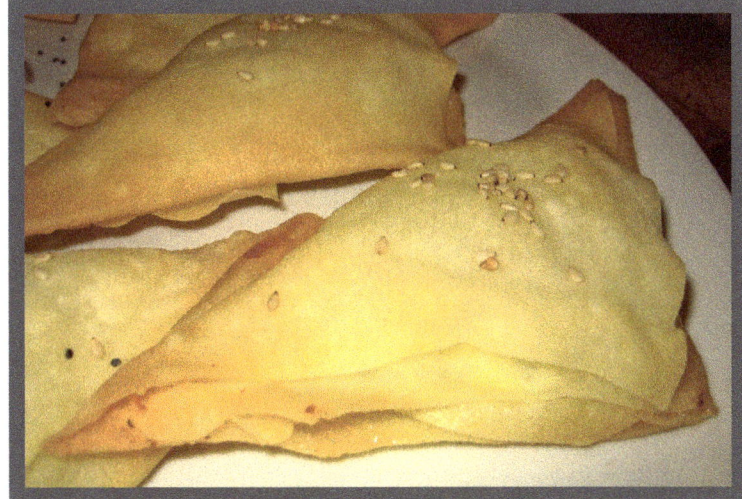

PORCIONES
4 Personas

VALORES NUTRICIONALES POR RACIÓN
130 kcal
20 g carbohidratos
5 g proteínas
4 g grasa

Credit foto: "fagottini di pasta fillo farciti by fugzu

Ingredientes

1 rollo de pasta filo
1 calabacín
1 zanahoria
1/2 cebolla
200 g de col
1 cucharada de aceite de oliva virgen extra
al gusto Sal fina
al gusto Pimienta negra

Procedimiento

Lavar y cortar todas las verduras en tiras finas. Cocinarlas en una sartén con aceite de oliva frito y cebolla picada. La cocción debe ser rápida y a fuego vivo, sin dejar de remover las verduras. Las verduras deben quedar crujientes.

A continuación, cortar la pasta filo en triángulos más bien grandes. Rellenar una mitad con las verduras, escurrir sin pasarse y luego cerrar la otra mitad, humedeciendo ligeramente los lados con agua.

Selle los bordes con cuidado y colóquelos en la cesta cubierta con papel de horno.

Hornéelos a 200° durante unos 8 minutos hasta que estén dorados. Dales la vuelta a mitad de cocción.

¡Que aproveche!

Entrantes y Aperitivos

CROSTINI CON SALCHICHA Y QUESO PROVOLONE

TIEMPO DE PREPARACIÓN
5 Minutos

TIEMPO DE COCCIÓN
7 Minutos

PORCIONES
4 Personas

VALORES NUTRICIONALES POR RACIÓN
270 kcal
34 g carbohidratos
11 g proteínas
12 g grasa

Ingredientes

4 rebanadas de pan bruschetta (50 g cada una)
1 ramita de romero
80 g de salchicha (o pesto de salchicha)
80g Provola (ahumada o dulce)
al gusto Aceite de oliva virgen extra

Procedimiento

En primer lugar, cortar el pan en rebanadas de aproximadamente 1 cm de alto y tostarlas con un poco de aceite de oliva por ambos lados en la freidora de aire durante unos minutos a 200°.

Mientras tanto, en un bol, desgrane la salchicha, pique el romero y corte el queso provola en trozos pequeños. Mezclar bien para amalgamar todos los ingredientes.

En cuanto el pan esté tostado, sáquelo, colóquelo sobre una superficie de trabajo y extienda por encima la mezcla de salchicha, provola y romero.

Vuelva a introducirlo en la freidora y cocínelo durante unos 7 minutos a 200°. Comprobar que la salchicha esté cocida antes de servir.

¡Que aproveche!

Platos Principales

Tarta salada de queso

Credit foto: "Succede alle cantine Caprai..." by Michela Simoncini

TIEMPO DE PREPARACIÓN
15 Minutos

TIEMPO DE COCCIÓN
15 Minutos

PORCIONES
Molde de 10 cm

VALORES NUTRICIONALES TOTALES
1177 kcal
93 g carbohidratos
55 g proteínas
64 g grasa

Ingredientes

125 g Harina 0
1 huevo
60 ml Leche
30 ml Aceite de semillas
8 g de levadura en polvo salada
25 g de queso parmesano rallado
100 g de queso mixto (scamorza, asiago, fontina, etc.)
al gusto Sal fina

Procedimiento

Separar los ingredientes húmedos de los secos, en el primer bol poner los secos dejando a un lado los quesos cortados en trozos.

En el segundo bol verter todos los ingredientes húmedos y mezclar con un batidor para mezclar todo bien.
A continuación, añadir todos los ingredientes y mezclar hasta obtener una mezcla homogénea.
Añadir los quesos cortados en trozos.

Coge un molde de 10 cm y fórralo con papel de horno (si tienes el perforado para freidoras de aire es mejor). Vierte la mezcla en el molde y nivela para que quede uniforme.

Hornear durante unos 15 minutos a 170°, comprobando la cocción con un palillo de madera. Si es necesario, alargar el tiempo de horneado unos minutos más.
¡Que aproveche!

Platos Principales

Bolas de arroz con jamón y queso mozzarella

TIEMPO DE PREPARACIÓN
20 Minutos
+ 1 Hora de reposo

TIEMPO DE COCCIÓN
20 Minutos

PORCIONES
5 Personas

VALORES NUTRICIONALES POR RACIÓN
327 kcal
38 g carbohidratos
16 g proteínas
13 g grasa

Ingredientes

250 g de arroz
20 g de mantequilla
120 g de jamón cocido cortado en dados
120 g de mozzarella
1 huevo
al gusto Pan rallado
al gusto Harina
al gusto Queso parmesano rallado
al gusto Azafrán
q.b. sal fina

Procedimiento

Hervir el arroz en agua con sal, escurrirlo en cuanto esté listo e incorporar la mantequilla y el azafrán. A continuación, extiéndalo en una bandeja de horno y déjelo enfriar.
Mientras tanto, corte la mozzarella en dados.

Tome unas 2 cucharadas de arroz y dele forma redonda, rellénelo con el jamón cocido y la mozzarella y ciérrelo con más arroz, teniendo cuidado de comprimirlo bien.

Pásalo primero por harina, luego por huevo batido y por último por pan rallado.

Una vez listos, déjalos reposar 1 hora en la nevera.
A continuación, rocíalos con un poco de aceite y hornéalos a 200º durante 20 minutos, dándoles la vuelta a mitad de cocción.

Puedes preparar una versión con salsa de carne en el centro, sólo tienes que sustituirla por jamón cocido y mozzarella.
¡Que aproveche!

Platos Principales

CHULETA DE POLLO ASADA

TIEMPO DE PREPARACIÓN
5 Minutos

TIEMPO DE COCCIÓN
20 Minutos

PORCIONES
3 Personas

VALORES NUTRICIONALES POR RACIÓN
190 kcal
3 g carbohidratos
37 g proteínas
4 g grasa

Ingredientes

500 g de chuleta de pollo
1 cucharadita de aceite de oliva virgen extra
al gusto Ajo en polvo
al gusto Pimentón en polvo
al gusto Sal fina
al gusto Pimienta negra

Procedimiento

En primer lugar, coloca la chuleta de pollo en un bol y sazónala con aceite evo, una pizca de sal, una ralladura de pimienta, pimentón y ajo en polvo.

Asegúrese de sazonarlo por todos los lados.

A continuación, colóquelo en la freidora de aire y cocínelo a 180° durante unos 20 minutos, dándole la vuelta a mitad de la cocción.

El tiempo de cocción puede variar en función del grosor del pollo, así que cocínelo durante más tiempo si es necesario.

La tagliata se come mejor con una guarnición, o incluso en una gran ensalada.

¡Que aproveche!

Platos Principales

C*apocollo marinado*

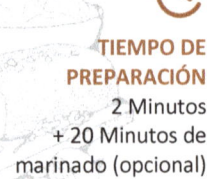

TIEMPO DE PREPARACIÓN
2 Minutos
+ 20 Minutos de marinado (opcional)

TIEMPO DE COCCIÓN
18 Minutos

PORCIONES
1 Personas

VALORES NUTRICIONALES POR RACIÓN
174 kcal
0 g carbohidratos
21 g proteínas
10 g grasa

Ingredientes

1 rodaja de capocollo
1 ramita de romero
1 cucharadita de aceite de oliva virgen extra
al gusto Ajo en polvo
al gusto Sal fina
al gusto Pimienta negra

Procedimiento

Marinar el capocollo con el romero picado, 1 cucharadita de aceite evo, un poco de ajo en polvo, sal y pimienta.

Masajee bien con las manos para distribuir todos los condimentos. Deje reposar la carne unos 25 minutos en el frigorífico.

Pasado este tiempo, hornee el capocollo a 200° durante unos 18 minutos, dándole la vuelta a mitad de cocción.

Sirva el capocollo con patatas asadas, que combinan muy bien con este plato.

Si lo desea, puede omitir la fase de marinado y pasar directamente a la cocción. Seguirá estando bueno.

Platos Principales

Tortilla con flores de calabacín

TIEMPO DE PREPARACIÓN
10 Minutos

TIEMPO DE COCCIÓN
20 Minutos

PORCIONES
2 Personas

VALORES NUTRICIONALES POR RACIÓN
350 kcal
6 g carbohidratos
32 g proteínas
21 g grasa

Ingredientes

6 huevos
2 calabacines
150 g de flores de calabacín
150 g de requesón desnatado
3 cucharadas de queso parmesano rallado
al gusto sal fina
al gusto pimienta negra

Procedimiento

Limpiar las flores de calabacín y quitar los pistilos, luego lavar y cortar el calabacín en trozos pequeños.

En un bol, batir los huevos con el requesón, la sal y la pimienta, removiendo con un batidor hasta que el requesón esté bien mezclado con los huevos.
A continuación, añadir los calabacines y las flores y volver a mezclar.

Forrar un molde o bandeja de horno con papel de hornear, colocar la mitad de las flores de calabacín en la base y verter la mezcla en ella.

Las flores restantes se colocan en la superficie.

Hornear la tortilla durante 20 minutos a 180°.

Si es necesario, prolongar la cocción unos minutos más.

¡Que aproveche!

Platos Principales

BROCHETAS DE CARNE CON VERDURAS

TIEMPO DE PREPARACIÓN
10 Minutos

TIEMPO DE COCCIÓN
15 Minutos

PORCIONES
2 Personas

VALORES NUTRICIONALES POR RACIÓN
314 kcal
5 g carbohidratos
31 g proteínas
24 g grasa

Ingredientes

300 g de carne (ternera, cerdo u otra)
1 calabacín
1 pimiento
1 ramita de romero
al gusto Tomates cherry
al gusto Sal fina
al gusto Aceite de oliva virgen extra

Procedimiento

Cortar la carne en trozos de unos 2-3 cm, luego aliñarlos en un bol con aceite de evo, sal y unas agujas de romero.

Lavar y limpiar las verduras, luego cortar el calabacín y el pimiento en trozos del mismo tamaño que la carne.

Una vez preparados todos los ingredientes, empezar a ensartar alternativamente un trozo de carne y un trozo de verdura.

Continúe hasta completar todas las brochetas.

Colóquelas en la freidora de aire precalentada y cocínelas durante unos 15 minutos a 180°, dándoles la vuelta a mitad de cocción.

Si es necesario, prolongue el tiempo de cocción.

¡Que aproveche!

Platos Principales

Rollitos de pollo con bacon enrollado

TIEMPO DE PREPARACIÓN
5 Minutos

TIEMPO DE COCCIÓN
20 Minutos

PORCIONES
2 Personas

VALORES NUTRICIONALES POR RACIÓN
408 kcal
0 g carbohidratos
42 g proteínas
26 g grasa

Ingredientes

4 lonchas de pechuga de pollo
4 lonchas de jamón cocido
4 lonchas de queso (a elegir)
4 lonchas de bacon (grande)
al gusto Sal fina
al gusto Aceite de oliva virgen extra

Procedimiento

Disponer las lonchas de bacon sobre una superficie de trabajo, colocar encima las lonchas de pollo y rellenar cada roscón con una loncha de jamón cocido y queso.

Cerrar los rollitos suavemente sellándolos con palillos de madera.

Colóquelos en la cesta, añada una pizca de sal y rocíe unas gotas de aceite evo con un pulverizador o aceite en spray.

Hornéalos durante unos 20 minutos a 200°.

Disfruta de los rollitos de pollo con el queso aún caliente y fibroso.

¡Que aproveche!

Platos Principales

Chuletas de ternera al romero

TIEMPO DE PREPARACIÓN
5 Minutos

TIEMPO DE COCCIÓN
10 Minutos

PORCIONES
3 Personas

VALORES NUTRICIONALES POR RACIÓN
229 kcal
0 g carbohidratos
27 g proteínas
17 g grasa

Ingredientes

3 chuletas de ternera
2 cucharadas de aceite de oliva virgen extra
3 ramitas de romero
al gusto Sal fina
al gusto Pimienta negra

Procedimiento

Picar las agujas de romero y hacer una mezcla con la sal y la pimienta.

Sazona las chuletas con aceite de oliva y la mezcla de romero, masajeándolas bien con las manos para distribuir el condimento.

Precalentar la freidora de aire a 180° y colocar las chuletas en la cesta sin superponerlas.

Cocínelas durante unos 10 minutos a 180°, dándoles la vuelta a mitad de cocción. Deben estar doradas por fuera y hechas por dentro.

Sirve las chuletas con una buena guarnición de este recetario.

¡Que aproveche!

Platos Principales

Chuletas de cordero en freidora de aire

TIEMPO DE PREPARACIÓN
5 Minutos

TIEMPO DE COCCIÓN
20 Minutos

PORCIONES
2 Personas

VALORES NUTRICIONALES POR RACIÓN
492 kcal
0 g carbohidratos
38 g proteínas
37 g grasa

Ingredientes

400 g de chuletas de cordero
2 cucharadas de aceite de oliva virgen extra
2 dientes de ajo
2 ramitas de romero
2 ramitas de tomillo
al gusto sal fina
al gusto Pimienta negra

Procedimiento

Primero se sazonan las chuletas de cordero con todos los ingredientes y se masajean con las manos para que todos los ingredientes queden bien repartidos.

Una vez bien sazonadas, colóquelas en la cesta de una freidora de aire precalentada a 200° C y cuézalas durante 20 minutos, dándoles la vuelta de vez en cuando.

El tiempo de cocción puede variar en función de su tamaño y del modelo de freidora.

Para un adobo aún más fuerte, puede dejarlos marinar en el frigorífico con medio vaso de vino durante al menos 2 horas, lo que les dará aún más sabor.

Dependiendo del tiempo que tengas, déjalas reposar en la nevera o no.

¡Que aproveche!

Platos Principales

MUSLITOS DE POLLO AL LIMÓN

TIEMPO DE PREPARACIÓN
5 Minutos

TIEMPO DE COCCIÓN
25 Minutos

PORCIONES
2 Personas

VALORES NUTRICIONALES POR RACIÓN
286 kcal
0 g carbohidratos
24 g proteínas
12 g grasa

Ingredientes

4 muslos de pollo
1 limón sin tratar
3 cucharaditas de aceite de oliva virgen extra
1 ramita de romero
al gusto Sal fina
al gusto Pimienta negra

Procedimiento

Colocar los muslos de pollo en un molde apto para la freidora y sazonar con la ralladura de 1 limón entero y su zumo, añadir el aceite, el romero, la sal y la pimienta.

Frotar bien con las manos para que se distribuyan todos los condimentos y sabores.

Colocar el molde en la freidora y cocer los muslos durante 25 minutos a 200°.
Compruebe el tiempo de cocción, ya que varía en función de la freidora de aire.

Para un mejor marinado se recomienda dejar marinar los muslos en la nevera durante al menos 2 horas si tienes la oportunidad.

¡Que aproveche!

Platos Principales

ALITAS DE POLLO FRITAS

TIEMPO DE PREPARACIÓN
5 Minutos

TIEMPO DE COCCIÓN
15 Minutos

PORCIONES
3 Personas

VALORES NUTRICIONALES POR RACIÓN
187 kcal
5 g carbohidratos
32 g proteínas
5 g grasa

Ingredientes

400 g de alitas de pollo
2 huevos
al gusto Harina
al gusto Aceite de oliva virgen extra
al gusto Pan rallado
al gusto Sal fina
al gusto Pimienta negra
al gusto Ajo en polvo

Procedimiento

Primero sazona las alitas de pollo con una pizca de sal, un poco de pimienta y ajo en polvo.

Luego pásalas por harina, después por huevo y por último por pan rallado, obteniendo una capa de pan rallado súper crujiente.

Continúa así hasta que estén todas empanadas.
A continuación, póngalos en la freidora precalentada a 200° y rocíelos con unas gotas de aceite evo.

Cocínalas durante unos 15-20 minutos hasta que estén completamente cocidas.

Disfruta de las alitas acompañadas de patatas fritas crujientes.

¡Que aproveche!

Platos Principales

TROZOS DE SALCHICHA CON PATATAS Y CALABACINES

TIEMPO DE PREPARACIÓN
5 Minutos

TIEMPO DE COCCIÓN
16 Minutos

PORCIONES
3 Personas

VALORES NUTRICIONALES POR RACIÓN
349 kcal
12 g carbohidratos
22 g proteínas
23 g grasa

Ingredientes

350 g de salchicha (tipo luganega)
3 patatas medianas
3 calabacines largos
3 cucharaditas de aceite de oliva virgen extra
al gusto Hierbas aromáticas (a su gusto)
al gusto Sal fina

Procedimiento

Lavar los calabacines y quitarles los extremos, cortarlos en rodajas de medio centímetro de grosor con un cuchillo o una mandolina.

Pelar las patatas y cortarlas en medias lunas o en rodajas.

Colocar las patatas y los calabacines en un bol grande y aliñarlos con aceite de oliva, sal, especias y hierbas picadas (al gusto).

Añada la salchicha previamente picada y mézclela con el resto. Tenga cuidado de no desmenuzarla. Viértalo todo en la cesta, utilizando papel de horno si lo prefiere.

Encienda la freidora y cocine durante unos 15 minutos a 200°, removiendo suavemente a mitad de cocción.

¡Que aproveche!

Platos Principales

CORDON BLEU DE BERENJENA

TIEMPO DE PREPARACIÓN
15 Minutos

TIEMPO DE COCCIÓN
20 Minutos

PORCIONES
2 Personas

VALORES NUTRICIONALES POR RACIÓN
236 kcal
4 g carbohidratos
18 g proteínas
15 g grasa

Ingredientes

1 berenjena
75 g de queso Scamorza (ahumado o normal)
1 huevo
40 g de jamón cocido
al gusto Aceite de oliva virgen extra
al gusto Sal fina
al gusto Pan rallado
al gusto Queso parmesano rallado

Procedimiento

Lavar las berenjenas, recortarles los extremos y cortarlas en rodajas finas de medio centímetro de grosor. Preparar el pan rallado mezclando el pan rallado y el queso parmesano.

Rellene las berenjenas de dos en dos con una loncha de jamón cocido y una loncha de queso scamorza. Cerrarlas como un bocadillo y presionarlas con la palma de la mano para compactarlas.

Batir los huevos con una pizca de sal en un bol grande. Pasar las chuletas primero por el huevo y luego por el pan rallado, procurando que se adhieran perfectamente.

A continuación, volver a pasarlas por el huevo y el pan rallado para obtener una doble capa de pan rallado.

Engrase la cesta con aceite de oliva y colóquelas en ella, rociándolas con aceite de oliva en spray. Cocerlas durante 12-15 minutos a 200°, dándoles la vuelta a mitad de la cocción, continuando a rociarlas con aceite de oliva.

¡Que aproveche!

Platos Principales

Codillo de cerdo con cebolla

Credit foto: "schnitzel haus pork shank" by goodiesfirst

TIEMPO DE PREPARACIÓN
5 Minutos

TIEMPO DE COCCIÓN
30 Minutos

PORCIONES
2 Personas

VALORES NUTRICIONALES POR RACIÓN
524 kcal
2 g carbohidratos
70 g proteínas
24 g grasa

Ingredientes

600 g de jarrete de cerdo precocinado
4 cebollas rojas
2 cucharadas de salsa de soja
1/2 cucharada de salsa barbacoa
al gusto Especias al gusto
al gusto Vino blanco
al gusto Caldo de carne

Procedimiento

Coloque el jarrete en una fuente de horno adecuada al tamaño de su freidora y añada la cebolla picada, la salsa de soja, la salsa barbacoa, sus especias favoritas, el vino blanco y un poco de caldo de carne.

Los líquidos deben llegar más o menos hasta la mitad del jarrete.
Mézclelo todo y hornee el jarrete durante unos 20 minutos a 200°.

Una vez transcurridos los 20 minutos, se saca el jarrete y se cuecen las cebollas y la salsa durante 10 minutos para reducirla.

A continuación, añade la salsa y las cebollas al jarrete y disfruta de un plato super sabroso y super tierno.

¡Que aproveche!

Platos Principales

Pastel de carne relleno en freidora de aire

TIEMPO DE PREPARACIÓN
10 Minutos

TIEMPO DE COCCIÓN
20 Minutos

PORCIONES
3 Personas

VALORES NUTRICIONALES POR RACIÓN
257 kcal
1 g carbohidratos
27 g proteínas
23 g grasa

Ingredientes

300 g de carne picada
2 lonchas de jamón cocido
1 salchicha
1 huevo duro
al gusto Pan rallado
al gusto sal fina
al gusto Aceite de oliva virgen extra
al gusto Pimienta negra

Procedimiento

Mezclar la carne picada con el huevo, sal, pimienta y un poco de pan rallado.
Extiéndelo sobre papel de horno y coloca en el centro la salchicha y el jamón, ciérralo con cuidado de no romperlo (puedes ayudarte con el papel de horno).

Una vez cerrado y compactado, pincelar con aceite evo y rebozar con pan rallado para crear una corteza crujiente mientras se cocina.

Pásalo con cuidado a una fuente/molde de horno y colócalo en la cesta de la freidora de aire.

Cocínalo durante 15 minutos a 180°, luego sube la temperatura a 200° y continúa otros 5 minutos para obtener un gratinado súper crujiente en la superficie.

¡Que aproveche!

Platos Principales

MAGRET DE PATO A LA NARANJA

TIEMPO DE PREPARACIÓN
5 Minutos

TIEMPO DE COCCIÓN
25 Minutos

PORCIONES
2 Personas

VALORES NUTRICIONALES POR RACIÓN
268 kcal
17 g carbohidratos
35 g proteínas
6 g grasa

Ingredientes

350 g de salchicha (tipo luganega)
3 patatas medianas
3 calabacines largos
3 cucharaditas de aceite de oliva virgen extra
al gusto Hierbas aromáticas (a su gusto)
al gusto Sal fina

Procedimiento

Tallar la piel de la pechuga con un cuchillo sin cortar la carne de debajo, haciendo cortes sencillos o en forma de damero, y espolvorear la piel con sal.

A continuación, lave 3 naranjas, de una de las cuales deberá obtener el zumo y las otras córtelas en rodajas de 1/2 cm. Mezcle el zumo de naranja con la miel y la pimienta.

Coloca las rodajas de naranja en la cesta, creando una base, y a continuación coloca las hierbas y la pechuga de pato con la piel hacia arriba.

Hornéalo a 180° durante 25 minutos, a partir de la mitad cepíllalo por ambos lados y dale la vuelta de vez en cuando.

Si prefieres la carne más hecha, alarga el tiempo de cocción unos minutos, sin exagerar para que no se seque demasiado.

¡Que aproveche!

Platos Principales de pescado

Gambas fritas con sal y pimienta

TIEMPO DE PREPARACIÓN
5 Minutos

TIEMPO DE COCCIÓN
10 Minutos

PORCIONES
3 Personas

VALORES NUTRICIONALES POR RACIÓN
40 kcal
3 g carbohidratos
5 g proteínas
1 g grasa

Ingredientes

200 g de gambas (ya limpias)
15 g de harina
Sal fina al gusto
Pimienta negra al gusto

Procedimiento

Descongela y enjuaga las gambas y sécalas con papel absorbente.
Pásalas poco a poco por harina y tamiza para eliminar el exceso de harina. Continúa hasta que todas las gambas estén rebozadas en harina.

A continuación, colócalas en la cesta de una freidora de aire precalentada y cocínalas durante unos 5 minutos a 200°, dándoles la vuelta suavemente a mitad de cocción.

Una vez listas, salpimiéntalas generosamente y sírvelas aún calientes y crujientes.
Si lo prefieres, puedes acompañarlas con una rodaja de limón.

¡Que aproveche!

Platos Principales de pescado

SEPIA RELLENA

TIEMPO DE PREPARACIÓN
10 Minutos

TEMPO DI COCCION
20 Minutos

PORCIONES
2 Raciones

VALORES NUTRICIONALES POR RACIÓN
415 kcal
31 g carbohidratos
21 g proteínas
22 g grasa

Ingredientes

4 sepias medianas
8 cucharadas de queso parmesano rallado
8 cucharadas de pan rallado
1 diente de ajo
2 cucharadas de aceite de oliva virgen extra
q.b. Pimienta negra
al gusto Aceite de oliva
al gusto Perejil

Procedimiento

Lavar y limpiar la sepia bajo el grifo, retirar la cabeza y los tentáculos y reservar el cuerpo central.

Quitar la boca y picar los tentáculos.

Hacer una mezcla de pan rallado, queso parmesano, perejil y ajo picados, pimienta y los tentáculos troceados.

Rellena las sepias con el relleno y ciérralas con ayuda de palillos de madera.

Hornear los primeros 15 minutos a 200°, luego otros 5 minutos bajando a 170°.

Los tiempos pueden variar ligeramente dependiendo del modelo de su freidora de aire.

¡Que aproveche!

Platos Principales de pescado

GAMBAS EN FREIDORA

TIEMPO DE PREPARACIÓN
10 Minutos

TEMPO DI COCCION
12 Minutos

PORCIONES
3 Raciones

VALORES NUTRICIONALES POR RACIÓN
109 kcal
0 g carbohidratos
22 g proteínas
2 g grasa

Ingredientes

300 g de gambas
1/2 vaso de vino blanco
al gusto Aceite de oliva virgen extra
1 diente de ajo
al gusto Sal fina
al gusto Perejil

Procedimiento

Enjuague los langostinos y retire el intestino negro, simplemente haga un corte en la parte posterior de los langostinos, levántelo ligeramente y sáquelo con un palillo.

A continuación, coloque las gambas en una sartén/molde adecuado al tamaño de su freidora de aire y sazónelas con aceite de oliva, medio vaso de vino blanco, ajo picado, una pizca de sal y perejil fresco picado.

Cocerlas durante unos 12 minutos a 180°, removiendo a mitad de cocción.

Comprobar que están cocidos antes de servir.
Si es necesario, prolongue el tiempo de cocción unos minutos.

¡Que aproveche!

Platos Principales de pescado

BROCHETAS DE GAMBAS Y CALABACÍN

TIEMPO DE PREPARACIÓN
10 Minutos

TEMPO DI COCCION
10 Minutos

PORCIONES
2 Raciones

VALORES NUTRICIONALES POR RACIÓN
105 kcal
8 g carbohidratos
8 g proteínas
4 g grasa

Ingredientes

300 g de gambas
1 calabacín grande
2 Huevos
al gusto Aceite de oliva virgen extra
al gusto Migas de pan
al gusto Zumo de limón
al gusto Sal fina
al gusto Pimienta negra

Procedimiento

Limpiar las gambas del caparazón exterior y quitarles los intestinos, y marinarlas en aceite de oliva, zumo de limón, pimienta y una pizca de sal.

A continuación, lavar el calabacín y quitarle las puntas. Hacer rodajas muy finas con una mandolina (las rodajas deben enrollarse sin romperse).

El siguiente paso es enrollar cada gamba con una rodaja de calabacín y ensartarlas en una brocheta.

Pasar las brochetas por huevo batido, luego por pan rallado y hornear durante unos 10 minutos a 200°, asegurándose de que las gambas estén cocidas antes de servir.

¡Que aproveche!

Platos Principales de pescado

MEJILLONES GRATINADOS

TIEMPO DE PREPARACIÓN
20 Minutos

TEMPO DI COCCION
8 Minutos

PORCIONES
3 Raciones

VALORES NUTRICIONALES POR RACIÓN
180 kcal
13 g carbohidratos
17 g proteínas
4 g grasa

Ingredientes

300 g Mejillones
50 g de pan rallado
1 ramita de perejil
1 diente de ajo
al gusto Aceite de oliva virgen extra

Procedimiento

En primer lugar, limpie los mejillones tanto por fuera como sacando la "cuerda" interior.

A continuación, abre los mejillones con un cuchillo pequeño, con cuidado de no cortarte.

Una vez que estén todos abiertos, colóquelos boca arriba en una bandeja de horno o directamente en la cesta.

Ahora prepara el pan rallado, añade el pan rallado, el perejil y el ajo picado.
Mezclar bien y luego cubrir los mejillones con el pan rallado.

Por último, pulveriza unas gotas de aceite evo con un pulverizador o spray de aceite.
Cocerlos a 200° durante unos 8 minutos.

¡Que aproveche!

Guarnición de Verduras

MILHOJAS DE PATATA CON QUESO PARMESANO Y BACON

TIEMPO DE PREPARACIÓN
20 Minutos

TIEMPO DE COCCIÓN
15 Minutos

PORCIONES
3 Personas

VALORES NUTRICIONALES POR RACIÓN
346 kcal
36 g carbohidratos
15 g proteínas
16 g grasa

Ingredientes

200 g de espinacas cocidas
200 g de patatas cocidas
1 huevo
Queso parmesano rallado al gusto
Nuez moscada al gusto
Pimienta negra al gusto
Sal fina al gusto

Procedimiento

Tritura las patatas con un pasapurés, pica las espinacas con un cuchillo o una batidora, mezcla en un cuenco y, a continuación, añade el huevo, una pizca de sal y una ralladura de pimienta, un puñado de queso parmesano y la nuez moscada.

Mezcla bien todos los ingredientes y, a continuación, pásalos a un molde de aluminio ligeramente engrasado.

Colócalo plano y espolvorea la superficie con queso parmesano rallado.

Hornea la tarta durante 15 minutos a 200° hasta que esté dorada.

¡Que aproveche!

Guarnición de Verduras

Espárragos gratinados

TIEMPO DE PREPARACIÓN
5 Minutos

TIEMPO DE COCCIÓN
18 Minutos

PORCIONES
2 Personas

VALORES NUTRICIONALES POR RACIÓN
164 kcal
12 g carbohidratos
9 g proteínas
8 g grasa

Ingredientes

250 g de espárragos (blancos o verdes)
2 cucharadas de pan rallado
2 cucharadas de queso parmesano rallado
1 cucharadita de semillas de sésamo
al gusto Cebollino
al gusto Aceite de oliva virgen extra
al gusto Sal fina

Procedimiento

Cortar los tallos de los espárragos aproximadamente a la mitad de su longitud. Retirar la parte exterior con un pelapatatas y lavarlos bajo el agua.

Colóquelos en una sartén con una gota de agua y cuézalos en una freidora durante 8 minutos a 160°.

Mientras tanto, mezcla en un bol el pan rallado, el queso parmesano, una pizca de sal, las semillas de sésamo y el cebollino picado.

Una vez listos, espolvoree los espárragos con el pan rallado e introdúzcalos de nuevo en la freidora de aire, suba la temperatura a 200° y cocínelos durante otros 10 minutos hasta que estén completamente gratinados.

Disfruta de los espárragos en esta sabrosa versión.

¡Que aproveche!

Guarnición de Verduras

Hinojo gratinado con parmesano

TIEMPO DE PREPARACIÓN
5 Minutos

TIEMPO DE COCCIÓN
7 Minutos

PORCIONES
3 Personas

VALORES NUTRICIONALES POR RACIÓN
127 kcal
9 g carbohidratos
6 g proteínas
7 g grasa

Ingredientes

2 hinojos
3 cucharadas de queso parmesano rallado
3 cucharadas de pan rallado
2 cucharaditas Aceite de oliva virgen extra
al gusto Hierbas aromáticas
al gusto Sal fina

Procedimiento

Lavar los hinojos, quitarles las partes exteriores y cortarlos en rodajas finas, de medio centímetro de grosor aproximadamente. Escurrir bien el exceso de agua y colocarlos en un bol grande.

Preparar el pan rallado combinando el aceite, el pan rallado y el parmesano rallado.

Añada el pan rallado al hinojo, añada sal y sus hierbas picadas favoritas.

Mezcle bien para distribuir perfectamente el pan rallado y coloque todo en la cesta de la freidora de aire.

Enciéndalo y cocínelo durante unos 7 minutos a 200°.

Comprueba que los hinojos estén suficientemente blandos y cocidos.

¡Que aproveche!

Guarnición de Verduras

Chips de zanahoria

TIEMPO DE PREPARACIÓN
10 Minutos

TIEMPO DE COCCIÓN
15 Minutos

PORCIONES
2 Personas

VALORES NUTRICIONALES POR RACIÓN
86 kcal
8 g carbohidratos
1 g proteínas
5 g grasa

Ingredientes

3 zanahorias
al gusto aceite de oliva virgen extra
al gusto Sal fina
al gusto Pimienta negra

Procedimiento

Lava y pela las zanahorias, córtalas en tiras de medio cm de grosor y unos 5 cm de largo, procura que todas tengan el mismo tamaño.

Colocarlas en un bol y aliñarlas con aceite de oliva, una pizca de sal y un poco de pimienta.

Colóquelas en la cesta y hornéelas durante 10 minutos a 160°.

A continuación, suba la temperatura a 180° y continúe otros 5 minutos hasta que se doren.

Si es la primera vez que los preparas, vigila el tiempo de cocción para evitar que se quemen.

¡Que aproveche!

Guarnición de Verduras

Tomates cherry confitados

TIEMPO DE PREPARACIÓN
5 Minutos

TIEMPO DE COCCIÓN
25 Minutos

PORCIONES
3 Personas

VALORES NUTRICIONALES POR RACIÓN
135 kcal
15 g carbohidratos
2 g proteínas
7 g grasa

Ingredientes

500 g de tomates cherry (calidad Pachino)
2 cucharadas de aceite de oliva virgen extra
2 cucharadas de azúcar moreno (o alternativamente azúcar en polvo)
al gusto Orégano
q.b. Sal fina

Procedimiento

Lavar y cortar los tomates cherry por la mitad, colocarlos boca abajo en una fuente de horno o directamente en la cesta con papel de hornear.
Es muy importante que no se superpongan.

Sazonarlos todos con aceite de oliva, sal, azúcar y orégano.

Hornearlas a 160° durante 15 minutos, luego subir a 170° y continuar otros 10 minutos.
Evidentemente, hay que vigilarlos durante la cocción, para que se deshidraten y el azúcar se caramelice.

Los tomates confitados pueden utilizarse en muchos platos, como en ensaladas, como primer plato o acompañando a muchos platos principales.

¡Diviértase encontrando su uso favorito!

¡Que aproveche!

Guarnición de Verduras

COLIFLORES EN FREIDORA DE AIRE

TIEMPO DE PREPARACIÓN
5 Minutos

TIEMPO DE COCCIÓN
10 Minutos

PORCIONES
3 Personas

VALORES NUTRICIONALES POR RACIÓN
85 kcal
3 g carbohidratos
4 g proteínas
5 g grasa

Ingredientes

1 coliflor
al gusto sal fina
al gusto Aceite de oliva virgen extra
al gusto Pimienta negra

Procedimiento

Precalentar la freidora de aire a 150° y empezar a cortar los ramilletes de coliflor.

Divida los ramilletes en trozos pequeños, no exagere con el tamaño, de lo contrario pueden tardar más en cocinarse.

Lavar los ramilletes con agua fría, escurrirlos y secarlos con un paño limpio o papel de cocina.

Sazone los ramilletes con aceite de oliva, sal y pimienta y, a continuación, colóquelos en el cestillo.

Cocínelos durante unos 10 minutos a 150°, dándoles la vuelta a mitad de cocción. Asegúrese de que estén bien cocidos antes de servirlos.

¡Que aproveche!

Guarnición de Verduras

ALCACHOFAS ASADAS

TIEMPO DE PREPARACIÓN
10 Minutos

TIEMPO DE COCCIÓN
15 Minutos

PORCIONES
3 Personas

VALORES NUTRICIONALES POR RACIÓN
166 kcal
8 g carbohidratos
9 g proteínas
7 g grasa

Ingredientes

6 Alcachofas
1 diente de ajo
al gusto sal fina
al gusto Aceite de oliva virgen extra

Procedimiento

Quitar las hojas exteriores, el tallo y las puntas superiores de la alcachofa.
Lavarlas bien bajo el agua y secarlas con papel absorbente.

Picar el diente de ajo y añadirlo al aceite de oliva para preparar una emulsión.

A continuación, abrir ligeramente las hojas de alcachofa y aliñarlas con el aceite de ajo y la sal, dejando que penetre el condimento.

Colóquelas boca abajo en la freidora de aire y cuézalas durante 15 minutos a 180°.
Controlar la cocción de vez en cuando para que no se sequen demasiado.

Disfruta de esta versión súper sabrosa y deliciosa de las alcachofas.

¡Que aproveche!

Guarnición de Verduras

COLIFLOR Y BECHAMEL

TIEMPO DE PREPARACIÓN
10 Minutos

TIEMPO DE COCCIÓN
15 Minutos

PORCIONES
4 Personas

VALORES NUTRICIONALES POR RACIÓN
169 kcal
14 g carbohidratos
8 g proteínas
9 g grasa

Ingredientes

1 coliflor
1/2 litro de leche
30 g de harina
30 g de mantequilla
al gusto Nuez moscada
al gusto Sal fina

Procedimiento

Lavar y partir la coliflor en trozos pequeños. Escaldarlos durante 6 minutos en agua hirviendo con sal. Mientras tanto, preparar la bechamel.

Hervir la leche con la nuez moscada rallada y una pizca de sal.

Derretir la mantequilla y la harina por separado, removiendo con un batidor hasta que la mezcla adquiera un color ámbar y esté espesa.

En cuanto hierva la leche, añadirla al roux (mezcla de harina y mantequilla) y seguir removiendo a fuego lento, llevándolo a ebullición hasta que espese.

Colocar las coliflores en una fuente de horno, cubrirlas con la bechamel y hornear durante 15 minutos a 200° hasta que se doren.

¡Que aproveche!

Guarnición de Verduras

Friggitelli en freidora de aire

TIEMPO DE PREPARACIÓN
5 Minutos

TIEMPO DE COCCIÓN
15 Minutos

PORCIONES
3 Personas

VALORES NUTRICIONALES POR RACIÓN
113 kcal
12 g carbohidratos
2 g proteínas
5 g grasa

Ingredientes

450 g de pimientos Friggitelli
1 diente de ajo (opcional)
al gusto Aceite de oliva virgen extra
al gusto Sal fina

Procedimiento

Lavar y secar los friggitelli con papel absorbente, luego decidir si se cocinan enteros o sin el tallo.

A continuación, sazónelos en un bol con aceite en spray o un pulverizador, una pizca de sal y un diente de ajo.

Remover bien para distribuir el condimento.

A continuación, cocínelos en una freidora de aire durante unos 15 minutos a 200°, dándoles la vuelta de vez en cuando.

Los friggitelli son una excelente guarnición para acompañar muchos platos principales o también se pueden tomar como aperitivo.

¡Que aproveche!

Guarnición de Verduras

CHIPS DE REMOLACHA

TIEMPO DE PREPARACIÓN
5 Minutos

TIEMPO DE COCCIÓN
15 Minutos

PORCIONES
2 Personas

VALORES NUTRICIONALES POR RACIÓN
22 kcal
5 g carbohidratos
1 g proteínas
0 g grasa

Ingredientes

*1 remolacha
al gusto sal fina
al gusto Pimienta negra
al gusto Ajo en polvo*

Procedimiento

Pelar las remolachas y con la ayuda de una mandolina, cortarlas en rodajas finas, aliñarlas suavemente sin romperlas con aceite de evo, una pizca de sal, pimienta y si se quiere, ajo en polvo.

Coloque las rodajas en el cestillo sin superponerlas y hornee durante unos 15 minutos a 200°, teniendo cuidado de no quemarlas.

Compruebe de vez en cuando el tiempo de cocción y alárguelo unos minutos si es necesario.

Puede ser necesario cocerlos varias veces para que no se superpongan todos en la cesta.

Déjelas enfriar antes de servirlas para disfrutarlas en su punto más crujiente.

¡Que aproveche!

Guarnición de Verduras

CHIPS DE BRÉCOL

TIEMPO DE PREPARACIÓN
10 Minutos

TIEMPO DE COCCIÓN
12 Minutos

PORCIONES
2 Personas

VALORES NUTRICIONALES POR RACIÓN
60 kcal
5 g carbohidratos
2 g proteínas
5 g grasa

Ingredientes

1 tallo de brócoli
al gusto Harina
al gusto Ajo en polvo
al gusto Sal fina
al gusto Aceite de oliva virgen extra

Procedimiento

Esta receta consiste en una perfecta reutilización del tallo de brócoli que normalmente se tira, en esta receta te enseñaré como aprovecharlo para evitar desperdiciar comida y dinero.

Limpia el tallo de brócoli quitándole la parte exterior con un cuchillo o pelapatatas.

A continuación, corta el tallo en rodajas de unos 1-2 mm de grosor, utilizando una mandolina o un cortafiambres.

Sazone las rodajas en un bol con aceite de oliva y sal. En otro plato, prepare la harina (unos 30 g) y el ajo en polvo.

Pase las rodajas de brécol por la harina y cuézalas en una freidora de aire durante unos 12 minutos a 200° hasta que se doren.

Déjalas enfriar antes de servir para que tengan un sabor más crujiente.

¡Que aproveche!

Guarnición de Verduras

Mazorca de maíz asada

TIEMPO DE PREPARACIÓN
2 Minutos

TIEMPO DE COCCIÓN
13 Minutos

PORCIONES
2 Personas

VALORES NUTRICIONALES POR RACIÓN
115 kcal
13 g carbohidratos
2 g proteínas
6 g grasa

Ingredientes

2 mazorcas de maíz precocidas
2 cucharaditas de aceite de oliva virgen extra
al gusto sal fina
al gusto Condimentos al gusto (pimentón, ajo en polvo, etc.)

Procedimiento

Sazone las mazorcas con 2 cucharaditas de aceite evo, una pizca de sal y algún condimento a su gusto.

Unte el condimento con las manos o con un pincel de cocina e introdúzcalas en la freidora de aire precalentada.

Cocínelos durante unos 12 minutos a 200°, dándoles la vuelta a mitad de la cocción.

Dependiendo de su gusto, puede dejarlas unos minutos más para que se tuesten más.

Las mazorcas de maíz asadas se pueden comer como guarnición o como tentempié; son muy versátiles.

¡Que aproveche!

Guarnición de Verduras

Patatas fritas con queso

TIEMPO DE PREPARACIÓN
10 Minutos

TIEMPO DE COCCIÓN
15 Minutos

PORCIONES
3 Personas

VALORES NUTRICIONALES POR RACIÓN
183 kcal
18 g carbohidratos
5 g proteínas
10 g grasa

Ingredientes

3 Patatas
3 cucharaditas de aceite de oliva virgen extra
60 g de queso feta
1 ramita de perejil
al gusto Pimentón
al gusto Sal fina
al gusto Ajo en polvo

Procedimiento

Pelar las patatas y cortarlas en bastoncitos finos, de medio centímetro de grosor aproximadamente.

En un bol, sazónelas con queso feta desmenuzado, sal, aceite de oliva, ajo en polvo, pimentón y perejil picado.

Mezcle bien todos los ingredientes y colóquelos en la cesta de la freidora de aire.

Cocer durante unos 15 minutos a 200°.

Compruebe el tiempo de cocción de vez en cuando y remuévalo.

Si es necesario, prolongar la cocción hasta que se doren.

¡Que aproveche!

Postres

Magdalenas de Cítricos

TIEMPO DE PREPARACIÓN
10 Minutos

TIEMPO DE COCCIÓN
10 Minutos

PORCIONES
4 Personas

VALORES NUTRICIONALES POR RACIÓN
160 kcal
21 g carbohidratos
4 g proteínas
6 g grasa

Ingredientes

75 g de harina de repostería
1 huevo
25 g de mantequilla
25 g de azúcar
1/2 polvo de hornear
50 ml Leche
25 ml Zumo de naranja
25 ml Zumo de limón
al gusto Cáscara de naranja y limón

Procedimiento

Batir el huevo con el azúcar, el zumo de naranja y limón, la mantequilla derretida y la leche hasta que se mezclen todos los ingredientes.

A continuación, añadir poco a poco la levadura en polvo, la harina tamizada y la ralladura de naranja y limón.

Remover hasta que no queden grumos ni grumos.

Vierta la mezcla en moldes para magdalenas y hornéelos durante unos 10 minutos a 165°.

Compruebe la cocción con un palillo: introdúzcalo en el centro de la magdalena y si sale seco, estarán cocidas y podrá retirarlas de la freidora de aire.

¡Que aproveche!

Postres

PASTEL DE TRIGO SARRACENO CON BAYAS

TIEMPO DE PREPARACIÓN
10 Minutos

TIEMPO DE COCCIÓN
20 Minutos

PORCIONES
Molde de 10 cm

VALORES NUTRICIONALES TOTALES
856 kcal
170 g carbohidratos
15 g proteínas
18 g grasa

Ingredientes

1 huevo
100 g de harina de trigo sarraceno
25 g de fécula de patata
50 g Crema de soja
50 g Azúcar moreno
60 g Bayas
5 g de levadura en polvo

Procedimiento

Batir el huevo con el azúcar moreno utilizando una batidora eléctrica hasta que la mezcla esté esponjosa. Añadir entonces la nata líquida e incorporarla.

Tamizar la harina y la fécula de patata y añadirlas poco a poco, por último añadir la levadura en polvo.

Mezclar bien todos los ingredientes hasta que estén bien combinados. Por último, incorporar las bayas (dejando un puñado para poner por encima más tarde) y mezclar suavemente sin romperlas.

Colocar el papel de horno en el molde de 10 cm y verter la mezcla en él. A continuación, añadir un puñado de frutos del bosque en la superficie.

Colocar el molde en la cesta precalentada y hornear durante unos 20 minutos a 160°. Comprueba la cocción con un palillo de madera, si es necesario hornea unos minutos más.

¡Que aproveche!

Postres

PUFFS DE MERMELADA

TIEMPO DE PREPARACIÓN
5 Minutos

TIEMPO DE COCCIÓN
10 Minutos

PORCIONES
5 Hojaldres

VALORES NUTRICIONALES POR RACIÓN
206 kcal
22 g carbohidratos
2 g proteínas
10 g grasa

Ingredientes

1 rollo de hojaldre rectangular
1 huevo (para pincelar)
al gusto Azúcar moreno (o azúcar normal si lo prefiere)
al gusto Mermelada

Nota:
Los valores nutricionales están basados en 50g de mermelada, si usas más los valores serán mayores.

Procedimiento

Desenrollar el hojaldre, dividirlo en 2 y de cada rectángulo cortar 5 cuadrados de unos 6 cm.

Extender la mermelada sólo en 5 cuadrados, los demás se utilizarán para cubrirlos.

A continuación, ciérrelos, presione bien los bordes y haga unos pequeños cortes en la superficie con un cuchillo.

Pincelarlos con huevo y cubrirlos con un poco de azúcar.

Precalienta la freidora de aire a 200° y colócalos en ella. Cocínelos durante 5 minutos a 200°.

Como el tiempo de cocción depende del modelo de la freidora de aire, asegúrese de que estén cocidos antes de sacarlos.

Puedes sustituir el relleno por crema pastelera o crema de chocolate.

¡Que aproveche!

Postres

TARTA DE MERMELADA

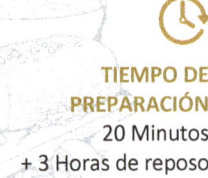

TIEMPO DE PREPARACIÓN
20 Minutos
+ 3 Horas de reposo

TIEMPO DE COCCIÓN
20 Minutos

PORCIONES
Molde de 18 cm

VALORES NUTRICIONALES TOTALES
1602 kcal
261 g carbohidratos
21g proteínas
56 g grasa

Ingredientes

120 g Harina 00
60 g Azúcar
60 g Mantequilla
3 g de levadura en polvo
1 huevo
180 g de mermelada
1 g de sal fina

Procedimiento

En un cuenco, ablande la mantequilla fría cortada en cubos con el azúcar y, a continuación, añada el huevo a temperatura ambiente, la harina tamizada, la levadura en polvo y la sal.

Mezclar rápidamente los ingredientes hasta obtener una masa bien mezclada y homogénea, tapar y meter en el frigorífico durante 3 horas.

Pasado este tiempo, extender la masa quebrada sobre una tabla de repostería enharinada, con un grosor de medio centímetro aproximadamente.

Engrasar un molde de 18 cm y forrarlo con la masa. Pínchelo con un tenedor y, a continuación, extienda la mermelada por encima, nivelándola.
Terminar colocando las tiras de hojaldre en forma de cuadros.

Hornear durante 10 minutos a 160°, luego subir a 180° y hornear durante 8 minutos más.
Dejar enfriar antes de servir.

¡Que aproveche!

Postres

Galletas integrales

TIEMPO DE PREPARACIÓN
15 Minutos

TEMPO DI COCCION
11 Minutos

PORCIONES
20 Galletas

VALORES NUTRICIONALES POR RACIÓN
68 kcal
8 g carbohidratos
1 g proteínas
3 g grasa

Ingredientes

150 g harina integral
65 g azúcar moreno (o azúcar normal si lo prefieres)
65 g de mantequilla
2 yemas de huevo
1 sobre de vainilla
1 pizca de sal fina

Procedimiento

Amasa todos los ingredientes con una batidora planetaria o a mano hasta obtener una masa lisa y homogénea.

A continuación, extiende con un rodillo sobre una superficie de trabajo enharinada y, con ayuda de cortapastas o moldes de repostería, forma galletas de medio centímetro de grosor.

Espolvorea la superficie de las galletas con azúcar y colocarlas en el cestillo.

Hornea a 160° durante unos 11 minutos (el tiempo varía según el modelo de la freidora de aire).

Para una versión diferente y aún más sabrosa, una vez horneadas, puedes untarles un poco de mermelada por la parte de atrás y emparejarlas.

¡Que aproveche!

Postres

GALLETAS DE AGUA INTEGRALES

TIEMPO DE PREPARACIÓN
40 Minutos

TEMPO DI COCCION
20 Minutos

PORCIONES
10 Galletas

VALORES NUTRICIONALES POR RACIÓN
117 kcal
18 g carbohidratos
2 g proteínas
4 g grasa

Ingredientes

200 g harina integral
40 g azúcar (normal o moreno)
40 ml aceite de semillas
40 ml de agua
1 cucharadita de levadura en polvo
Cáscara de limón al gusto

Procedimiento

Primero mezcla el agua con el aceite y el azúcar, luego añade la harina tamizada, la levadura en polvo y una ralladura de cáscara de limón.

Mezcla bien y deja reposar en la nevera durante 30 minutos.

A continuación, extiénde la masa con un rodillo en forma de "serpiente" hasta obtener un grosor de 2 cm.

Divídela en trozos más pequeños y dales forma de taralli. Pásalos por azúcar y colócalos en la cesta.

Hornea durante 20 minutos a 180° controlando de vez en cuando para evitar que se quemen.

Estas galletas son muy ligeras, ya que no contienen mantequilla ni huevo.
También son perfectas para un estilo de vida vegano y vegetariano.

¡Que aproveche!

Postres

Tortitas con pasas sultanas

TIEMPO DE PREPARACIÓN
5 Minutos

TEMPO DI COCCION
8 Minutos

PORCIONES
5 Personas

VALORES NUTRICIONALES POR RACIÓN
306 kcal
59 g carbohidratos
10 g proteínas
4 g grasa

Ingredientes

3 huevos
50 g pasas
250 ml leche
200 g harina
100 g azúcar
1 pizca de sal fina
Cáscara de 1/2 limón

Procedimiento

En un bol, mezcla la harina con la leche, vertiéndola poco a poco hasta obtener una masa sin grumos y homogénea.

A continuación, añade la ralladura de limón, una pizca de sal, las pasas sultanas ablandadas en agua y bien exprimidas. Por último, añade los huevos, incorporándolos de uno en uno.

Mezcla con un batidor de varillas hasta que todos los ingredientes estén integrados. Deberás obtener una masa espesa.

Puede que solo necesite 2 huevos, por lo que puede decidir si añadir o no el tercero.

Coloca los buñuelos en una cesta con papel de horno y hornéalos a 200° durante unos 8 minutos, dándoles la vuelta a la mitad.

Si es la primera vez que los preparas, vigila el tiempo de cocción para evitar que se quemen, así poco a poco irás entendiendo mejor el tiempo de tu freidora de aire.

¡Que aproveche!

Postres

Galletas con pepitas de chocolate

TIEMPO DE PREPARACIÓN
15 Minutos

TEMPO DI COCCION
10 Minutos

PORCIONES
15 Galletas

VALORES NUTRICIONALES POR RAVIOLI
76 kcal
8 g carbohidratos
1 g proteínas
4 g grasa

Ingredientes

50 g de mantequilla
125 g de harina
1 huevo
20 g de azúcar
40 g de pepitas de chocolate
4 g de levadura en polvo

Procedimiento

Coloca en un bol la mantequilla cortada a temperatura ambiente, la harina, el huevo, las pepitas de chocolate, el azúcar y la levadura en polvo. Amasa a mano o con la batidora planetaria hasta que la masa esté bien mezclada y lisa.

A continuación, forma bolas con trozos de masa presionándolas ligeramente. Por último, forra la cesta con papel de horno y coloca en ella las galletas sin superponerlas.

Hornea a 180° durante unos 10 minutos, vigilándolas porque dependiendo del tamaño de las galletas y del modelo de la freidora de aire, el tiempo de horneado puede variar ligeramente unos minutos.

Puedes disfrutar de las galletas tanto para desayunar como para merendar.

¡Que aproveche!

CONCLUSIÓN

Muchas gracias por leer hasta aquí.
Espero de verdad que haya disfrutado del libro de cocina en color y que le haya gustado la elección de producirlo en color, cosa que nadie hace debido a los elevados costes de impresión.

Junto con mi equipo decidimos hacer caso omiso de esto y favorecer al cliente dándole exactamente lo que quiere, ya que lo que faltaba en la biblioteca de Amazon era un libro de cocina para freidoras de aire a todo color.

Además, como has podido comprobar, este libro de cocina es completamente diferente a los que puedes encontrar en Amazon.
Tiene una plantilla/estructura mucho mejor y para cada receta hay una foto a todo color, cosa que falta en todas las demás.

En la página siguiente he creado un índice por orden alfabético para que puedas encontrar las recetas más rápidamente en caso de que quieras repetirlas.

Dejar una reseña en amazon

Espero de verdad que todo esto haya añadido valor a mi libro, y le ruego que escriba una reseña en Amazon sobre mi trabajo y el de mi equipo, le estaríamos enormemente agradecidos.

RECETAS POR ORDEN ALFABÉTICO

A
Albóndigas de ricotta y brécol 14
Alcachofas asadas 56
Alitas de pollo fritas 39

B
Bolas de arroz con jamón y queso mozzarella 30
Bolitas de queso ricotta fritas 13
Brochetas de carne con verduras 34
Brochetas de gambas y calabacín 48

C
Capocollo marinado 32
Chips de brécol 60
Chips de col rizada 17
Chips de remolacha 59
Chips de zanahoria 53
Chuleta de pollo asada 31
Chuletas de cordero en freidora de aire 37
Chuletas de ternera al romero 36
Codillo de cerdo con cebolla 42
Coliflor y bechamel 57
Coliflores en freidora de aire 55
Cordon bleu de berenjena 41
Croissants salados con calabacines jamón cocido y queso 26
Croquetas de minestrone 24
Crostini con salchicha y queso provolone 28

E
Escalopines de berenjena 12
Espárragos gratinados 51

F
Friggitelli en freidora de aire 58

G
Galletas con pepitas de chocolate 70
Galletas de agua integrales 68
Galletas integrales 67
Gambas en freidora 47
Gambas fritas con sal y pimienta 45

H
Hinojo gratinado con parmesano..52
Huevos gratinados con parmesano..18

M
Magdalenas de cítricos..63
Magdalenas saladas con tomates cherry y calabacines...16
Magret de pato a la naranja..44
Mazorca de maíz asada...61
Mejillones gratinados..49
Mezcla para pizzetas en freidora de aire...22
Milhojas de patata con queso parmesano y bacon...50
Muslitos de pollo al limón..38

P
Palitos de polenta fritos...20
Panettone salado sin levadura...25
Panzerotto de queso...23
Pastel de carne relleno en freidora de aire...43
Pastel de trigo sarraceno con bayas..64
Patatas fritas con queso..62
Pizza de patata..21
Puffs de mermelada..65

R
Rollitos de bacon y queso en pasta filo..15
Rollitos de pollo con bacon enrollado..35

S
Sepia rellena..46

T
Tarta de mermelada..66
Tarta salada de queso...29
Tomates cherry confitados...54
Tortilla con flores de calabacín..33
Tortilla de patatas...19
Tortitas con pasas sultanas..69
Triángulos de pasta filo rellenos de verduras..27
Trozos de salchicha con patatas y calabacines...40

www.ingramcontent.com/pod-product-compliance
Lightning Source LLC
LaVergne TN
LVHW070217080526
838202LV00067B/6836